ПОМИНАНЬЕ

О

ЗДРАВІИ И О УПОКОЕНІИ

Printed with the blessing of His Eminence,
Metropolitan Hilarion, First Hierarch
of the Russian Orthodox Church
Outside of Russia

HOLY TRINITY PUBLICATIONS
The Printshop of St Job of Pochaev
Holy Trinity Monastery
Jordanville, New York 13361-0036
www.holytrinitypublications.com

ISBN: 978-0-88465-379-0

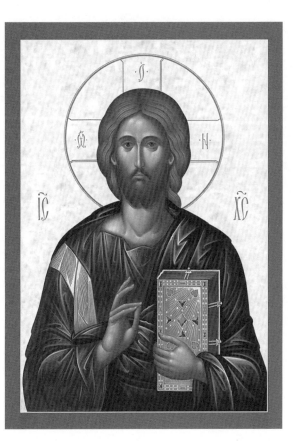

МОЛИТВА ЗА ЖИВЫ́ХЪ.

Спаси̑ гдⷭ҇и, и҆ поми́лꙋй всѣ́хъ правосла́вныхъ хрⷭ҇тїа́нъ и҆ на вся́комъ мѣ́стѣ влады́чествїѧ твоегѡ̀ правосла́внѡ живꙋ́щїѧ: пода́ждь и҆̀мъ гдⷭ҇и, дꙋше́вный ми́ръ и҆ тѣле́сное здра́вїе и҆ прости̑ и҆̀мъ вся́кое согрѣше́нїе, во́льное и҆ нево́льное, и҆ моли́твами всѣ́хъ ст҃ы́хъ твои́хъ и҆ менѐ ѻ҆каа́ннаго поми́лꙋй.

Ѡ ЗДРА́ВІИ
и҆ спасе́нїи рабѡ́въ бо́жїихъ:

_____

_____

_____

_____

_____

_____

_____

_____

_____

Ѿ ЗДРА́ВІИ.

Ѿ ЗДРА́ВІИ.

Ѿ ЗДРА́ВІИ.

Ѿ ЗДРА́ВІИ.

Ѽ ЗДРА́ВІИ.

Ѿ ЗДРА́ВІН.

Ѿ ЗДРА́ВІН.

Ѡ ЗДРА́ВІИ.

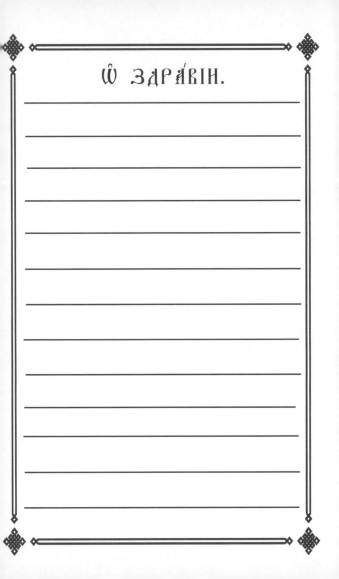

Ѿ ЗДРА́ВІИ.

Ѡ ЗДРА́ВІИ.

Ѿ ЗДРА́ВІН.

Ѿ ЗДРА́ВІИ.

Ѿ ЗДРА́ВІН.

Ѡ ЗДРА́ВІИ.

Ѿ здра́вїи.

Ѿ ЗДРА́ВІН.

Ѡ ЗДРА́ВІИ.

Ѡ ЗДРА́ВІИ.

Ѡ ЗДРА́ВІН.

Ѡ ЗДРА́ВІИ.

Ѽ ЗДРА́ВІИ.

Ѡ ЗДРА́ВІИ.

Ѿ ѹпокое́нїи
рабѡ́въ бо́жїихъ:

Ѿ ѹпокое́нїи
рабш́въ Бо́жїихъ:

_____

_____

_____

_____

_____

_____

_____

Ѽ ѴПОКОЕ́НІН.

_____

_____

_____

_____

_____

_____

_____

_____

_____

_____

_____

_____

Ѡ ѹпокое́нїи.

Ѡ ѹпокое́нїи.

Ѽ ѹпокое́нїи.

Ѡ ѹпокоенїи.

_____

_____

_____

_____

_____

_____

_____

_____

_____

_____

_____

Ѿ упокоѐніи.

Ѽ ᲈпокое́нїи.

Ѿ ѹпокоѣнїи.

_____

_____

_____

_____

_____

_____

_____

_____

_____

_____

_____

Ѿ ᲂ҆поко́ѣнїн.

Ѡ ѹпокоѐнїи.

Ѿ ѹпокое́нїи.

_____

_____

_____

_____

_____

_____

_____

_____

_____

_____

_____

_____

_____

_____

_____

Ѽ ѹпокое́нїи.

Ѿ Ȣпокоéнїн.

Ѡ ѹпокоенїи.

_____

_____

_____

_____

_____

_____

_____

_____

_____

_____

_____

Ѿ ѹпокое́нїи.

Ѿ ѹпокоє́нїи.

Ѡ ᲂуПОКОЕ́НІИ.

Ѽ ѹпокоє́нїи.

_____

_____

_____

_____

_____

_____

_____

_____

_____

_____

_____

Ѽ ѹпокоѐнїи.

_____
_____
_____
_____
_____
_____
_____
_____
_____
_____
_____
_____
_____

Ѿ ОУПОКОЕ́НІН.

_____

_____

_____

_____

_____

_____

_____

_____

_____

_____

_____

Ѡ ѹпокоѐнїи.

Ѡ ѹпокое́нїи.

_____

_____

_____

_____

_____

_____

_____

_____

_____

_____

_____

МОЛИТВА

ЗА ВСЯКАГѠ ЎСОПШАГѠ

Помѧни̂, гдⷵи бже нашⷭ, въ вѣрѣ и на-
де́ждй живота̀ вѣ́чнагѡ, преста́вльшагосѧ
раба̀ твоего̀, [рабꙋ̀ твою̀], бра́та на́шегѡ, [се-
стрꙋ̀ на́шꙋ] (и́мⷬрекъ), и̂ ꙗ҆́кѡ бл҃гъ и̂ чл҃вѣко-
лю́бецъ, ѿпꙋща́ѧй грѣхѝ, и̂ потреблѧ́ѧй не-
пра́вды, ѡ҆сла́би, ѡ҆ста́ви и̂ простѝ всѧ̑
во́льнаѧ є̑гѡ̀ [є̑ѧ̀] согрѣше́нїѧ и̂ нево́ль-
наѧ: и̂зба́ви є̑го̀ [ю̑] вѣ́чныѧ мꙋ́ки, и̂ ѻ̑гнѧ̀
гее́нскагѡ, и̂ да́рꙋй є̑мꙋ̀ [є̑й] причастїе и̂ на-
слажде́нїе вѣ́чныхъ твои́хъ бла́гихъ, ꙋ҆гото́-
ванныхъ лю́бѧщимъ тѧ̀: а҆́ще бо и̂ согрѣшѝ,
но не ѿстꙋпѝ ѿ тебѐ, и̂ несꙋмнѣ́ннѡ во
ѻ̑ц҃а̀, и̂ сн҃а, и̂ ст҃а́гѡ дх҃а, бг҃а тѧ̀ въ трⷪцѣ
сла́вимагѡ вѣ́рова, и̂ є̑ди́ницꙋ въ трⷪцѣ, и̂
трⷪцꙋ̀ во є̑ди́нствѣ правосла́внѡ, да́же до
послѣ́днѧгѡ своегѡ̀ и̂здыха́нїѧ и̂сповѣ́да.
тѣ́мже мл҃тивъ томꙋ̀ [то́й] бꙋ́ди, и̂ вѣ́рꙋ,
ꙗ҆́же въ тѧ̀, вмѣ́стѡ дѣ́лъ вмѣни̂, и̂ со

ст҃ы́ми твои́ми, ꙗ́кѡ ще́дръ, оу҆поко́й: нѣ́сть бо человѣ́ка, и҆́же поживе́тъ, и҆ не согрѣши́тъ. но ты̀ є҆ди́нъ є҆сѝ кромѣ̀ всѧ́кагѡ грѣха̀, и҆ пра́вда твоѧ̀, пра́вда во вѣ́ки: и҆ ты̀ є҆сѝ є҆ди́нъ бг҃ъ ми́лостей, и҆ ще́дротъ, и҆ человѣколю́бїѧ, и҆ тебѣ̀ сла́вꙋ возсыла́емъ, о҆ц҃ꙋ, и҆ сн҃ꙋ, и҆ ст҃о́мꙋ дх҃ꙋ, ны́нѣ и҆ при́снѡ, и҆ во вѣ́ки вѣкѡ́въ. а҆ми́нь.